Sur quelques familles notables de SURY-LE-COMTAL au moyen âge

PAR

L'ABBÉ RELAVE,
chanoine honoraire de Soissons,
curé de Sury-le-Comtal.

IMPRIMERIE ÉLEUTHÈRE BRASSART
RUE DES LEGOUVÉ, 20
MONTBRISON
1898.

Sur quelques familles notables de SURY-LE-COMTAL au moyen âge

PAR
L'Abbé RELAVE,
*chanoine honoraire de Soissons,
curé de Sury-le-Comtal.*

IMPRIMERIE ÉLEUTHÈRE BRASSART
RUE DES LEGOUVÉ, 20
MONTBRISON
1898.

EXTRAIT DU TOME IX DU *Bulletin de la Diana*.

Sur quelques familles notables de SURY-LE-COMTAL au moyen âge

Sury-le-Comtal paraît avoir commencé à être, comme on dit, quelque chose vers la fin du XIIIe siècle, au temps du comte de Forez Jean Ier, qui en fit l'une de ses résidences favorites. C'est dans le château de Sury que sa première femme Alix de Viennois lui donna, le jour de Pâques 19 avril 1299, son premier fils, le futur comte Guy VII (1). Quelques années plus tard, en 1309, le même Jean Ier, n'achetait pas moins de quatorze tènements de terre ou de pré, situés tous aux Verchères, et tous acquis le même jour, 31 juillet (2). Il ne devait pas s'en tenir là : il faisait de nouvelles et importantes acquisitions en 1313, en 1318 et en 1328 ; celle de 1313 s'élève au prix de 218 livres bons viennois (3).

---

(1) La Mure-Chantelauze, I, p. 324 ; III, p. 114.
(2) Huillard-Bréholles, *Titres de la maison ducale de Bourbon*, n°s 1237 et suiv.
(3) H.-B., n°s 1344, 1501, 1876.

Il n'est pas étonnant, après cela, que plus d'un acte important de l'administration de Jean Ier ait eu lieu à Sury. Le 12 février 1325, Hugues de Mauvoisin, seigneur de Chevrières, faisait l'hommage de sa seigneurie à Sury-le-Comtal, dans la chambre du comte, en présence de nobles hommes messires Bertrand, seigneur de la Roue, Pierre de Rochefort, Gérard de Roussillon, chevaliers, Guillaume de Montrevel, damoiseau (1). Le 26 juin de la même année, c'est encore à Sury-le-Comtal que fut passé l'acte par lequel le comte Jean Ier changeait une amende encourue par Josserand de Lavieu, damoiseau, en la donation de la maison forte et du mandement de Marclop ; les témoins étaient cette fois Amédée, sire de Cousan, encore Pierre de Rochefort qualifié ici de bailli de Forez, et François de Saint-Priest (2).

Cette faveur dont Sury jouissait auprès du comte de Forez ne paraît pas s'être prolongée au-delà du règne de Jean Ier, qui prit fin en 1333 ; aucun document conservé n'indique que Guy VII lui-même, son fils et successeur, ait accordé une attention particulière à sa ville natale. Mais l'importance de la petite cité était acquise, et plus d'un personnage considérable allait y prendre la place du chef suprême de la province, que d'ailleurs, la plupart du temps, il représentait.

Parmi les témoins des actes que je viens de citer figure notamment « noble homme messire Pierre de Rochefort », qui, seul de tous, est présent les deux fois.

---

(1) Barban, *Fiefs*, art. *Mauvoisin*.
(2) Barban, *Fiefs*, art. *Lavieu*.

Ce détail ne prouve pas cependant qu'il résidât à Sury ; il avait pu, en sa qualité de bailli de Forez, y accompagner simplement son maître. Mais un autre Pierre de Rochefort, damoiseau, y résidait certainement quelque vingt ou trente ans plus tard, puisque nous l'y trouvons allié à la famille des Espéron, qui y florissait alors (1). Ce Pierre de Rochefort avait épousé Catherine Espéron, de Sury-le-Comtal, fille d'Estienne Espéron et de cette Jeanne de Sorbières, en faveur de laquelle Raynaud de Forez allait constituer la rente noble d'Aubigny le 4 janvier 1367 (2). Dans son testament, fait le 29 juillet 1400, en présence de Jehan Cordier, curé de Sury, Pierre de Rochefort choisissait sa sépulture dans l'église ou dans le cimetière de S.-André de Sury, et faisait divers legs aux luminaires de S.-André et de S.-Étienne dudit lieu, à l'aumône du jour de l'Ascension du Seigneur, et aux trois pélerinages qui avaient coutume de se faire dans ledit lieu de Sury (3) : on voit qu'il ne se contentait pas de résider à Sury, mais qu'il aimait sa résidence. Je dois reconnaître après cela qu'il paraît être mort sans postérité, puis-

---

(1) En 1359, J. Espéron était prévôt de Sury (La Mure-Chantelauze, I, p. 437 n.) ; en 1390, vénérable et sage maître André Espéron, licencié en lois, vicaire et official de Lyon, est témoin avec Pierre de Rochefort du testament de Philippe Metton, clerc de Sury-le-Comtal, notaire juré des cours de Lyon et de Forez (Chaverondier, *Inv. des arch. de la Loire*, II, 194) ; en 1396, Mariette Espéron, de Sury-le-Comtal, rend hommage pour une maison sise dans le château de Sury, vers la maison du duc de Bourbon, comte de Forez (Barban, *Fiefs*, art. *Esperon*).

(2) Terrier de 1750 et copie de l'acte de fondation de la rente noble d'Aubigny, communiqués par M. A. Jordan de Sury.

(3) Chaverondier, *Inventaire des archives de la Loire*, II, p. 212.

qu'il prend pour légataires universels Jehan Duchet, de Sury-le-Comtal, clerc juré de la cour de Forez (1) (celui-là même qui devait fonder dans l'église de Sury la prébende des Duchettes en 1429), et sa nièce Béatrix de la Porte, *filiam Alberti de Porta, Givorgii quondam...* Mais, comme on va s'en rendre compte, il devait y avoir à Sury, au commencement du XVe siècle, plusieurs branches de Rochefort, et Pierre de Rochefort n'y a pas été le dernier de son nom.

L'église de Sury-le-Comtal est peu riche en blasons. Elle en contient pourtant deux qui figurent également en bonne et honorable place, tous deux en clef de voûte, l'un dans la travée médiane de la grande nef, l'autre à l'entrée du chœur, exactement sous le clocher. Ce dernier, qui est *d'argent, à la bande de gueules chargée de trois coquilles d'or*, est le blason des Beauvoir, et par suite aussi celui des Rochefort, à partir de la fin du XIVe siècle (2). Placé où il est, il atteste avec une autorité indiscutable la part qu'avaient prise ses possesseurs à la construction de l'église, il atteste, par conséquent, qu'il y avait encore des Rochefort à Sury et qu'ils y étaient florissants, postérieurement au temps où ils avaient adopté les armes des Beauvoir.

Et je n'ai pas que ce seul témoignage à en fournir. Le mercredi 6 juin 1894, un incendie dévorait une maison ancienne munie d'une demi tourelle en poivrière, qui faisait à gauche l'entrée de la rue du Champ-de-l'Oie, du côté de la place de la Loue (3). Un

---

(1) Jehan Duchet est en effet qualifié possesseur de la rente noble d'Aubigny au terrier Pagany de l'année 1414.

(2) Barban, *Fiefs*, art. *Ecotay*. — Steyert, *Armorial*, art. *Beauvoir*.

(3) C'est la maison portant le n° 58 sur le plan de 1750, ci-joint.

journal raconta le lendemain que le feu avait détruit à Sury une maison du XIVe siècle ; elle était de la fin du XVIe au plus tôt. Cela ressortait de son simple aspect ; cela fut rendu absolument certain par la découverte que les ouvriers firent, en déblayant les décombres, de trois écussons de pierre provenant d'édifices plus anciens et qu'ils trouvèrent noyés dans un bloc de maçonnerie : c'étaient les deux blasons des voûtes de l'église, et celui des Bourbon-Forez, dont je n'ai pu découvrir aucun autre exemplaire à Sury. Ce dernier, d'assez grande dimension et d'une bonne facture, avait décoré en clef de voûte une porte cochère ou un portail, probablement l'entrée de cette « maison du duc de Bourbon, comte de Forez, » dont il a été question dans l'hommage cité plus haut, de Mariette Espéron ; les deux autres, de dimensions moindres et assez sensiblement égaux, n'étaient pas d'une exécution aussi soignée, mais, détail à noter, la bande du blason des Rochefort-Beauvoir se trouvait ici accompagnée en chef d'une étoile (1).

---

(1) Les Rochefort portaient *d'or, à la bande d...,* chargée *de trois étoiles d...* (Steyert, *Armorial*).

En achevant de démolir la maison incendiée, son propriétaire, Antoine Chalandon, quincailler, a découvert, encore enfouie sous un carrelage dont elle régularisait le niveau, une planche sculptée, fragment d'un manteau de cheminée ou d'une frise d'appartement, qui présentait, entre deux arabesques symétriques d'un bon travail, des armes que M. W. Poidebard croit être des Lesgallery, dont une branche était établie à Montbrison et qui sont *d... à trois croisettes d...* Quant aux trois écussons de pierre, les ouvriers, profitant d'une inadvertance du propriétaire, les ont employés comme matériaux en reconstruisant la maison, et ils sont de nouveau enfouis dans le mur de la façade.

L'autre blason de l'église, dont un exemplaire se retrouvait dans la maison incendiée, avait attiré mon attention dès les premiers temps de mon séjour à Sury, et divers indices m'avaient donné à penser que ce pouvait être là les armes des la Bâtie, possesseurs au XVe siècle de la rente noble de ce nom, *de Basticia*, sur le territoire de l'Hôpital-le-Grand et de Précieu (1), et seigneurs de Magnieu-Haute-Rive, qui portaient *d'or, à la croix ancrée de sable* (2). Ces indices consistaient en deux témoignages écrits, et ces deux témoignages ne consistaient eux-mêmes que dans l'énoncé d'un nom, mais dans l'un le nom était accompagné du blason et dans l'autre de la qualité de l'homme.

Guillaume Revel, dans la page qu'il a consacrée au « chatiau et ville de Sury-le-Comtal », n'a dessiné qu'un blason, qui est *d'or à la croix ancrée de sable*, et il a écrit dans la banderolle qui se déroule autour : *Loys de la Bastie*. D'autre part, M. Révérend du Mesnil, dans la liste qu'il donne des châtelains de Sury (3), nomme Loys de la

---

(1) Barban, *Fiefs*, art. *la Bâtie* ; — Sonyer du Lac, *Les Fiefs du Forez*, art. *la Bastie* et *Magnieu-Haute-Rive*.

(2) Le manuscrit du XVIIIe siècle cité par M. Vincent Durand dans sa *Note sur la seigneurie de Magnieu-Hauterive*, (*Mémoires de la Diana*, I, p. 121,) indique *gueules* au lieu de *sable* ; c'est une erreur évidente. Quant à la *croix ancrée* du blason de Sury, elle est peinte en rouge, mais c'est l'affaire du dernier peintre-plâtrier qui a badigeonné l'église, le même qui, en remplaçant par du bleu de ciel le fond d'argent des armes des Rochefort, leur a fait, à l'instar de Victor Hugo dans le *Pas d'armes du roi Jean*,

   Porter gueules
   Sur azur.

(3) *Bulletin de la Diana*, I, p. 435.

Bastie à la date de 1449 ; il n'indique aucune source, suivant sa fâcheuse habitude, mais comme il ne fait qu'une simple nomenclature, il me semble qu'on peut le croire sur parole. Quand j'aurai ajouté que Gras, dans ses *Notes généalogiques*, attribue à Hodin ou Dinet de la Bâtie la qualité de prévôt de Sury-le-Comtal vers 1350, j'aurai mentionné tous les indices paraissant exister encore du séjour des la Bâtie dans ma paroisse.

Heureusement, dans le courant de l'année 1893, un sieur Jacquet, maçon, eut l'idée de réparer sa maison. L'opération eut, entre autres résultats, celui de faire déposer provisoirement dans la rue une cheminée que je vis en passant. Elle était en granit, énorme, très lourde, et portait en son milieu l'écusson à la *croix ancrée*, sculpté assez grossièrement, ainsi que deux médaillons dont il était accosté (1). L'intérieur de la maison Jacquet, complètement remanié, ne présentait plus rien d'intéressant, mais il me fut aisé de reconnaître que cette habitation n'occupait que la moitié d'une maison ancienne. J'entrai chez le propriétaire de l'autre moitié, Léon Mathevet, menuisier, et je lui demandai si l'écusson qui se trouvait au-dessus de la porte d'entrée et qui ne portait plus aucune trace d'armes quelconques avait toujours été ainsi. Il me répondit sans hésiter que c'était lui-même qui l'avait gratté quand il était jeune, et que ce qu'il en avait enlevé était une croix exactement semblable à celle qui figurait sur la cheminée que

---

(1) Cette cheminée, acquise par M. Adrien David, a été transportée à St-Etienne, place de la Badouillère, au rez-de-chaussée de la maison qui porte le n° 5.

Jacquet venait de mettre dehors. Il ajouta que, au moment où son père avait acquis la maison, vers 1842, l'appartement dans lequel on entrait immédiatement de la rue était une grande salle, large de six mètres, profonde de dix, et que son père, en démolissant la voûte d'une sorte de corridor qui se trouvait, au fond, à gauche, y avait trouvé un grand pot plein de *liards*. Ces prétendus liards étaient évidemment des sols anciens, et le père Mathevet à lui seul en avait dispersé pour quinze francs, au poids. N'est-ce point de quoi regretter, avec le poète,

D'être venu trop tard dans un Sury trop vieux ?

La maison des la Bâtie était retrouvée : elle faisait le coin, à gauche, en entrant dans l'impasse qui allait, dans la direction du matin, de la rue du Champ de l'Oie au mur de ville. Rien n'est changé aujourd'hui à cette partie de Sury, sinon que, le mur de ville ayant été ouvert, l'impasse est devenue une rue. Un détail piquant. Si l'on se reporte au dessin de Guillaume Revel, on vérifie que l'auteur a figuré, très sensiblement à cet endroit-là, une maison d'un tiers plus haute que les autres, en quoi il ne me semble pas téméraire de voir un petit remerciement de l'artiste au galant homme qui l'avait reçu, et vraisemblablement bien reçu.

Comme on voit, il devenait tout naturel que les armes des la Bâtie figurassent aux voûtes de l'église, pour peu que cet édifice eût été élevé au temps où cette famille florissait à Sury. Or, c'était justement le cas, l'église étant certainement du XVe siècle, et les la Bâtie ayant été florissants pendant tout ce siècle-là. Mais auquel des la Bâtie attribuer un rôle dans la construction de l'église ? A quelle date, dans le courant du XVe siècle, rapporter cette construction ?

L'église actuelle de Sury paraît bien être celle qui figure dans le dessin de Guillaume Revel, ce qui la rendrait antérieure à 1450, mais cet artiste ne se pique point d'une exactitude rigoureuse quand il s'agit d'autre chose que de fortifications, et son témoignage est toujours plus ou moins discutable. Il y a cependant ici ce détail que l'église est, très nettement, dépourvue de clocher, et par conséquent, représentée inachevée, ce qui saurait d'autant moins passer pour une simple inexactitude, qu'une sorte de tour en bois, figurée entre les deux tourelles de la façade, paraît tenir lieu du clocher absent. Il y a encore ce fait qu'un certain Pierre d'Aragon, *de Aragone*, de Sury-le-Comtal, faisait en 1427 un legs pour la construction — *operi seu ædificio* — de l'église de Saint-André de Sury, dans laquelle il choisissait sa sépulture (1). Et tout cela se trouve corroboré par la découverte faite en 1895, par un ouvrier maçon, d'une tuile de faîte datée de 1437. Ce ne sont là que des conjectures, je les donne pour ce qu'elles peuvent valoir, en remarquant simplement que si l'église de Sury remonte, ce qui a quelque vraisemblance, aux environs de 1430 ou de 1440, au lendemain de l'épopée de Jeanne d'Arc, c'est à Jean II de la Bâtie, châtelain de Boisset en 1415, ou plus probablement à Pierre, son fils, écuyer, qui hommageait la terre et seigneurie de Magnieu en 1441 (2), que doit aller la

---

(1) Le testament est du 2 octobre 1427 ; il est fait pardevant Jehan du Says, de Sury, juré de la cour de Forez (Chaverondier, *Inv.*, II, p. 287).

(2) Gras, *Notes généalogiques*, mss.

gratitude de la postérité (1).

Les grandes familles ont leur destinée comme les feuilles des arbres : aux Rochefort et aux la Bâtie allaient, au XVIe siècle, succéder à Sury les Rostaing. Le premier auteur connu de cette famille semble avoir été ce Jehan Rostaing, notaire de la Fouillouse, que nous trouvons en 1391 exécuteur testamentaire, à Sury, de Mathieu le Prévost, de Sury-le-Comtal, juré de la cour de Forez (2). Il est très vraisemblable qu'Étienne de Rostaing, damoiseau, qui était en 1435 seigneur de la maison forte des Roches, près de Sury (3), était son fils, et qu'il fut lui même le père de Gaston de Rostaing, gentilhomme de Jean II

---

(1) On peut reconnaître encore un reste de l'influence des la Bâtie, à la fois seigneurs de Magnieu-Hauterive et personnages très considérables à Sury, dans certains traits d'union persistants entre Sury et Magnieu, qui seraient inexplicables sans cela. Au milieu du XVIIe siècle, messire Georges Provenchier, de Sury, est curé de Magnieu ; il est enterré dans la tombe des prêtres et curés de l'église de Sury le 18 juillet 1659 (*Registres paroissiaux*). Un pouillé manuscrit de la Diana, écrit de la main d'Etienne Pasquier, prêtre sociétaire de Sury en 1722, porte la mention des *Prieurés unis de Sury-le-Comtal et de Magnieu-Hauterive*, et plus loin il indique comme collateur de l'église de Magnieu-Hauterive le prieur du lieu *ou de Sury*. Auguste Bernard, dans un pouillé de la fin du XVIIIe siècle, indique également comme collateur de l'église de Magnieu-Hauterive le prieur de Sury (*Cartulaires de Savigny et d'Ainay*, II, p. 1031), et Sonyer du Lac écrivait dans le même temps : « SURY. Prieuré de Sury-le-Comtal, en commande, et consiste en dîme en ladite paroisse de Sury, celle de Magnieu-Haute-Rive, Chalain-le-Comtal ». (*Les Fiefs du Forez*, p. 272).

(2) Chaverondier, *Inv.*, II, p. 193-194.

(3) Huillard-Bréholles, n° 5487. — Le P. Anselme, cité par M. du Mesnil, dans le *Bulletin de la Diana*, I, p. 437, note. — Cf. *Mazures de l'Ile Barbe*, II, p. 524. — Le lieu dit des *Roches* existe à Sury à l'entrée du hameau d'Épeluy.

duc de Bourbon, capitaine de Lavieu en Forez, avec lequel commence la généalogie certaine des Rostaing. Gaston de Rostaing épousait en 1453 Jeanne du Saix (1). Les du Saix, ou du Says, n'étaient pas de Sury, mais il est certain qu'une branche de cette famille y a occupé une situation très notable pendant tout le XVe siècle. Jehan du Says, de Sury-le-Comtal, est en 1409 témoin du testament de noble messire François du Says, chevalier ; en 1427, Jehan du Says (vraisemblablement le même), juré de la cour de Forez, reçoit le testament de ce Pierre d'Aragon qui fait un legs pour la construction de l'église ; en 1432, Bertrand du Says, de Sury-le-Comtal, est reçu notaire juré de la cour de Forez ; Gabriel du Says est notaire à Sury en 1455 ; en 1458, Jean duc de Bourbonnais et comte de Forez, confère à Jean du Says, clerc, une prébende dans l'église de Sury-le-Comtal ; en 1471, Barthélemy du Says, clerc de Sury-le-Comtal, est reçu notaire juré ; et un dernier Jehan du Says exerce la même charge à Sury, en 1500 (2). Il est donc bien vraisemblable que Gaston de Rostaing, dont le père était possessionné à Sury, épousant une du Saix, se mariait à Sury.

Antoine Ier de Rostaing, fils de Gaston, marié en 1476 à Marguerite de la Chambre, et qui occupa, dit Guilhermy (3), les mêmes emplois que son père, fut notaire à Sury de 1476 à 1502 (4), et il y put

---

(1) Guilhermy, *Inscriptions de la France du Ve au XVIIIe siècle*, I, p. 466-473.

(2) Chaverondier, *Inv.*, II, p. 81, 83, 88, 89, 287. — Cf. *Bulletin de la Diana*, I, p. 436 et 438, notes et *passim*.

(3) *Op. et loc. cit.*

(4) Terrier de 1750 communiqué, par M. A. Jordan de Sury.

voir de ses yeux la prospérité et l'élévation croissantes de sa maison dans la personne de ses deux fils, très honorables hommes Jacques de Rostaing, capitaine-châtelain de Saint-Héand, et Jean de Rostaing, futur gentilhomme de la maison du roi, présentement capitaine-châtelain de Saint-Germain-Laval et de Sury (1). Jean de Rostaing avait épousé en 1499 Jeanne de Chartres (2) ; son fils aîné, Antoine II, sera le chef des Rostaing de Veauchette, et c'est son quatrième fils, Tristan, né en 1513, que j'appellerais volontiers le grand Rostaing, qui continuera de représenter la famille à Sury, sans du reste y résider régulièrement. Françoise Robertet, qu'il a épousée le 9 janvier 1544, lui a apporté de nombreux et magnifiques domaines, et les résidences princières sont ce qui lui manque le moins. Les charges de même : d'abord page du connétable Anne de Montmorency, puis maître de la garde-robe et premier gentilhomme du Roy, nous le trouvons ensuite au service de Catherine de Médicis, dont il a su capter la faveur. Sa fortune ne subit pas d'éclipse : il est créé chevalier du Saint-Esprit ; à sa mort, qui survient au château d'Aulnoy près de Provins le 7 mars 1591, il est encore gouverneur de Fontainebleau et de Melun, lieutenant du Roy à Paris et dans l'Isle-de-France (3).

---

(1) Guilhermy, *Ibid,*. et Huillard-Bréholles, n° 7592. — Les reconnaissances de Jacques et de Jean de Rostaing, au terrier Rostaing de l'année 1500, ne comprennent pas moins de cinquante numéros (terrier de 1750).

(2) Guilhermy, *Ibid*.

(3) Pour tous ces détails, voir Guilhermy et du Mesnil, *Op. et loc. cit.*

Au milieu de ces magnificences et de ces travaux, Tristan de Rostaing n'avait pas délaissé complètement Sury. Il avait même songé dès avant son mariage, en 1541, à l'acquérir du roi François Ier, qui l'avait confisqué au connétable de Bourbon en 1531, mais ce projet n'eut pas de suite. Vraisemblablement, il ne se trouvait point à Sury lorsque le capitaine huguenot Pierregourde vint en 1577 piller l'église et ses dépendances (1), car il lui eût opposé l'énergie et la vaillante épée qui devaient, en 1588 et 1589, conserver à Henri III la place de Melun ; mais lorsque ce prince fit en Forez et au château de Sury, en 1580, la fugue singulière qu'a révélée M. Testenoire-Lafayette (2), on aime à penser qu'il était là pour recevoir un roi qu'il avait connu enfant, et auquel en ces temps difficiles il devait demeurer fidèle jusqu'au bout. Au fait, mêlé comme il le fut à tous les événements politiques et militaires d'un des siècles les plus troublés de l'histoire (3), Tristan de Rostaing ne dut résider beaucoup nulle part.

Mais nous rencontrons ses deux filles à Sury du vivant même de leur père. La partie conservée de nos registres paroissiaux ne va, pour le XVIe

---

(1) Terrier de la société des prêtres de Sury, donné à l'auteur par M. A. Jordan de Sury.

(2) *Mémoires de la Diana*, V, p. 269.

(3) Quand François de Guise reçut le coup de mousquet de Poltrot de Méré, sous les remparts d'Orléans, en 1563, il avait à ses côtés, entre autres gentilshommes, Tristan de Rostaing.

siècle, que de 1577 à 1586 (1), mais dans cet intervalle, elle nous présente à chaque page le nom des Rostaing. Pour m'en tenir à ceux qui nous importent, à la date du 18 novembre 1581, « haulte dame dame Marguerite de Rostaing », y remplit l'office de marraine : c'était la fille aînée de Tristan ; quant à la cadette, Anne, qualifiée dame de Montagnet ou Montaniac, elle résidait certainement à Sury, puisque nous la trouvons remplissant le même office presque tous les ans. Une autre Anne de Rostaing, sœur de Tristan, veuve de Geoffroy de la Veuhe, « quand vivoit Esleu de Fourest », est marraine trois fois au cours de ces neuf années. Pierre de Rostaing, « chevalier de l'ordre du Roy », seigneur de Veauchette, fils d'Antoine II et neveu de Tristan, dont la femme, « noble Catherine de Senetton », est marraine, elle aussi, quatre fois, est enterré à Sury le 3 mars 1580. Et il laissait entre autres enfants, un second Tristan, seigneur de Veauchette après lui, et une troisième Anne, dont les noms reviennent fréquemment dans les registres. En 1584 notamment, ils sont ensemble parrain et marraine d'une cloche, comme il appert du texte suivant que je me reprocherais de ne point reproduire.

« Le jour de Saint-Thomas devant Noël, 21 décembre 1584, après la grande messe, au devant la porte de l'église de Saint-André de Sury-le-Comtal

---

(1) Ils s'interrompent, le jeudi 11 septembre 1586, au moment où la grande peste et contagion, qui avait commencé le 21 mai précédent, allait prendre fin, après avoir emporté plus de cent personnes.

a esté bénite la cloche du relloge (1) par moi soubzsigné accompaigné de messieurs de l'esglize et des habitants de ladite ville et a esté le parrain noble Tristan de Rostaing et la marraine honneste damoyselle Anne de Rostaing seur audict Tristan de Rostaing. JACQUET curé. »

La dame de Montagnet ou Montaniac, Anne, fille du grand Tristan, avait épousé en premières noces René d'Escoubleau, marquis de Sourdis, dont elle eut de nombreux enfants. Elle épousa ensuite Jacques de la Veuhe, qui devait réaliser le projet ébauché jadis par son beau-père. Le 9 avril 1609, Henri IV avait échangé avec Gabrielle d'Allonville, veuve de Guy de Rochechouart, les terres et seigneuries de Sury, St-Romain, Monsupt et St-Marcellin contre des terres que cette dame possédait à Fontainebleau ; quelques jours après, le 24 avril, Jacques de la Veuhe achetait à Mme d'Allonville ce qui venait de lui être cédé par le roi (2). Il obtenait plus tard de Louis XIII l'érection de la terre de Sury en marquisat (3), et comme Anne de Rostaing ne lui avait point donné d'enfant, il prit pour héritier de tous leurs domaines, en 1625, le quatrième enfant qu'elle avait eu de son premier mariage, Pierre d'Escoubleau, qui figure avec le ti-

---

(1) Il s'agit là de la petite cloche actuelle, appelée familièrement le *Cluchet* par les habitants du pays. Elle avait été fondue le 15 décembre 1584, à 2 heures après midi « en la maison de la ville de Sury-le-Comtal par Mes Estienne et Annet frères demeurant à Viveros » (*Reg. par.*)

(2) Du Mesnil, *op. et loc. cit.*

(3) Par lettres patentes données à Fontainebleau au mois de mai de l'année 1623.

tre de « marquis de Surieux » dans la grande épitaphe des Rostaing (1).

Le 2 novembre 1897, j'ai relevé dans le cimetière de Sury, sur une pierre déjà envahie par la mousse (2), l'inscription suivante :

> ICI REPOSE LE CORPS
> D'ILLUSTRE DAME MARIE
> ANTOINETTE GILBERTHE
> COMTESSE DE ROSTAING
> CHANOINESSE DE POULANG (3)
> NÉE AU CHATEAU
> DE VEAUCHETTE LE 16
> AOUT 1746 DÉCÉDÉE
> A SURY LE 21 SEPTEMBRE 1842
> PRIEZ POUR ELLE.

La comtesse Marie-Antoinette-Gilberte a été, à Sury, la dernière des Rostaing.

---

(1) Ce tombeau fastueux des Rostaing était aux Célestins de Paris (Guilhermy, *Op. et loc. cit.*).
(2) Cette tombe se trouve le long du chemin qui va du portail à la chapelle, à gauche, joignant la croix au midi.
(3) Polling, diocèse d'Augsbourg en Bavière (?).

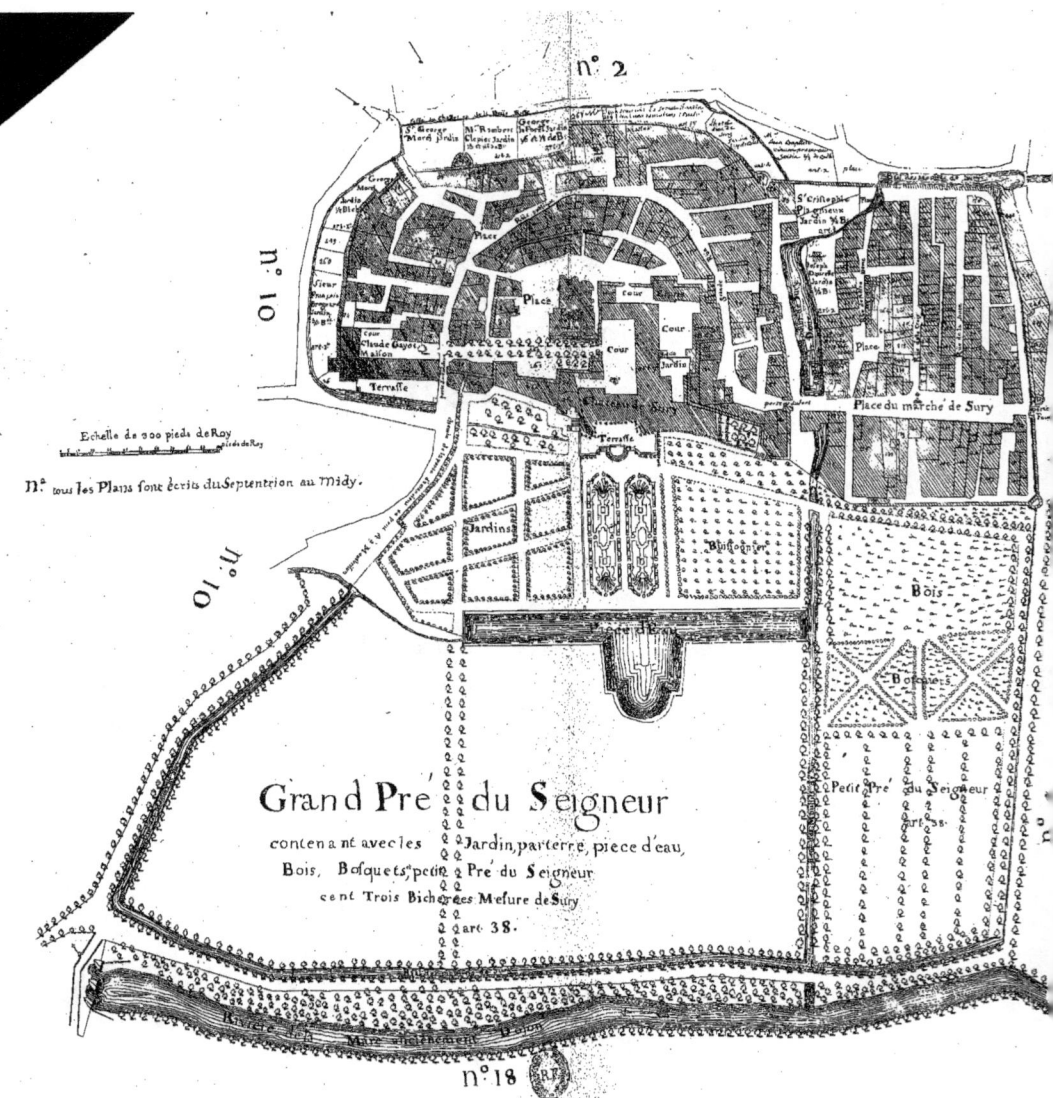

SURY-LE-COMTAL EN 1750,
D'APRÈS UN PLAN TERRIER DE LA SEIGNEURIE.
(Archives du château de Sury-le-Comtal).

N° 58. — Maison des Rochefort.
N° 70. — Maison des la Bastie. Elle était à noble Georges Rouzeaud en 1677 (terrier Clépier), et à M° Jean-François Laforest, notaire royal, en 1750 (terrier Barjon).

www.ingramcontent.com/pod-product-compliance
Lightning Source LLC
Chambersburg PA
CBHW071437060426
42450CB00009BA/2219